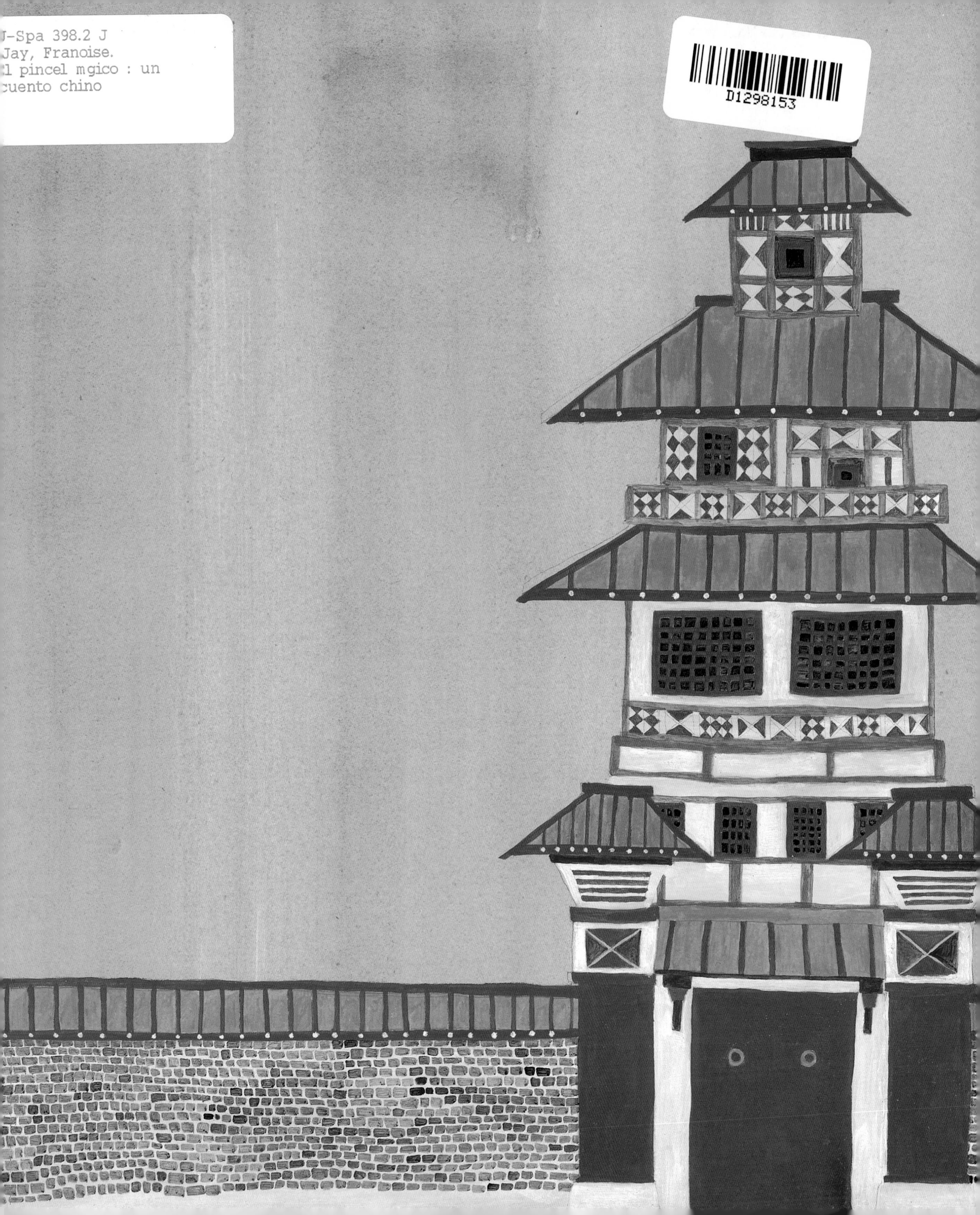

Mil gracias a la escuela Émile Cohl,
Philippe Rivière, Frédérick Mansot y Françoise Jay,

Z. J.

Para Frédérick Mansot,

F. J.

Título original: LE PINCEAU MAGIQUE
© Magnard Jeunesse, 2007

© EDITORIAL JUVENTUD, S. A., 2009
Provença, 101 - 08029 Barcelona – info@editorialjuventud.es – www.editorialjuventud.es
Traducción de Teresa Farran – Primera edición, 2009 – ISBN 978-84-261-3745-6 – Depósito legal: B.21.080-2009 – Núm. de edición de E. J.: 12.181
Printed in Spain
S.A. de Litografía, c/ Ramón Casas, 2 - 08911 Badalona

El pincel mágico

Un cuento chino de HONG Xuntao,
adaptado por Françoise Jay e ilustrado por ZHONG Jie

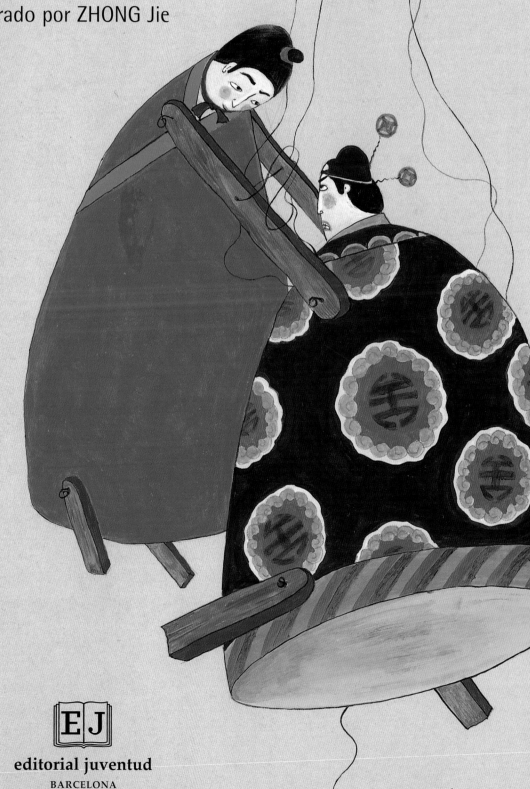

editorial juventud

BARCELONA

Chen era un niño
que vivía en un pueblo de la antigua China.
Para ayudar a sus padres, que eran pobres,
Chen cuidaba los búfalos de los propietarios ricos de su provincia.
Pero su sueño era llegar a ser pintor.
Quería aprender el arte del dibujo y de la pintura.
Pero por desgracia, su familia no tenía dinero
para comprar pinturas.
Ni tampoco para comprar un pincel.

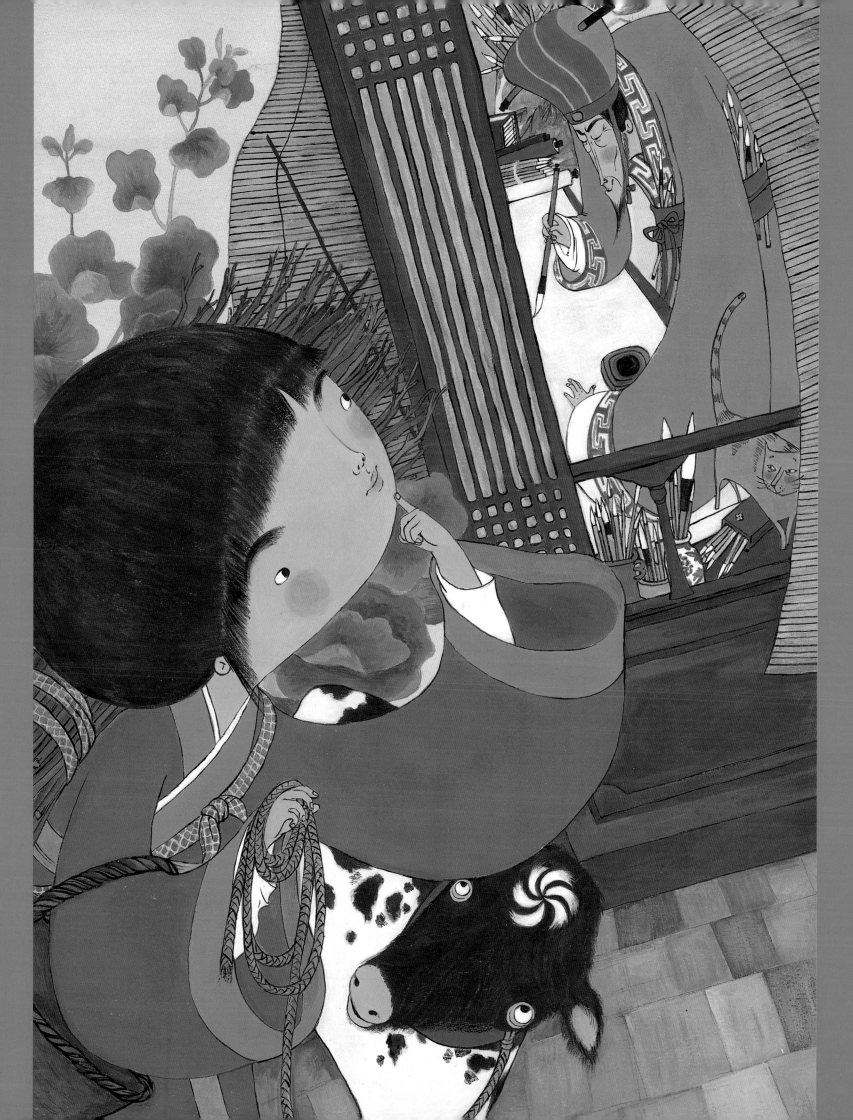

4

Un día, después de haber acompañado el rebaño de búfalos,
Chen se detuvo delante de la escuela de pintura.
Dudó un momento y después entró en la escuela.
En los pasillos,
observó los cuadros colgados en las paredes.
En la gran sala,
observó al Maestro enseñando a sus alumnos.
Deseaba trabajar con el Maestro.
Esperó que terminara la clase y entró en la sala.

Chen saluda al Maestro
y le pregunta si puede estudiar pintura con él.
No ve el desdén en la sonrisa del Maestro.
Chen le pregunta si puede prestarle un pincel
para que pueda trabajar.
El Maestro se ríe, y se burla de él.
«¿Cómo te atreves a pedirme un pincel?
Un niño tan pequeño y tan pobre
no puede pretender llegar a ser pintor. ¡Sal de aquí!»
Chen se marchó con una gran tristeza en su corazón.
¿Por ser pequeño no podía aprender a pintar?
¿Por ser pobre no podía llegar a ser pintor?

Chen no renunció. Decidió trabajar solo.

Todos los días cuidaba de los búfalos.

Pero también estudiaba el árbol que tenía delante,

la montaña a lo lejos, el corazón de las flores,

y los dibujaba en el suelo con un bastón.

No tenía pincel, pero aprendía su arte.

Un mes tras otro acompañaba el rebaño.

Pero también observaba la hierba temblorosa de la orilla,

el pájaro en el cielo, los movimientos del pez en el torrente,

y los dibujaba en la tierra húmeda con la mano.

Aún no tenía pincel, pero crecía en su arte.

Todo el año vigiló los animales.

Pero contempló la tormenta,

la sombra de las cosas, los rostros de los vecinos del pueblo

y los dibujó sobre el muro con un trozo de carbón.

Todavía no tenía pincel, pero dominaba su arte.

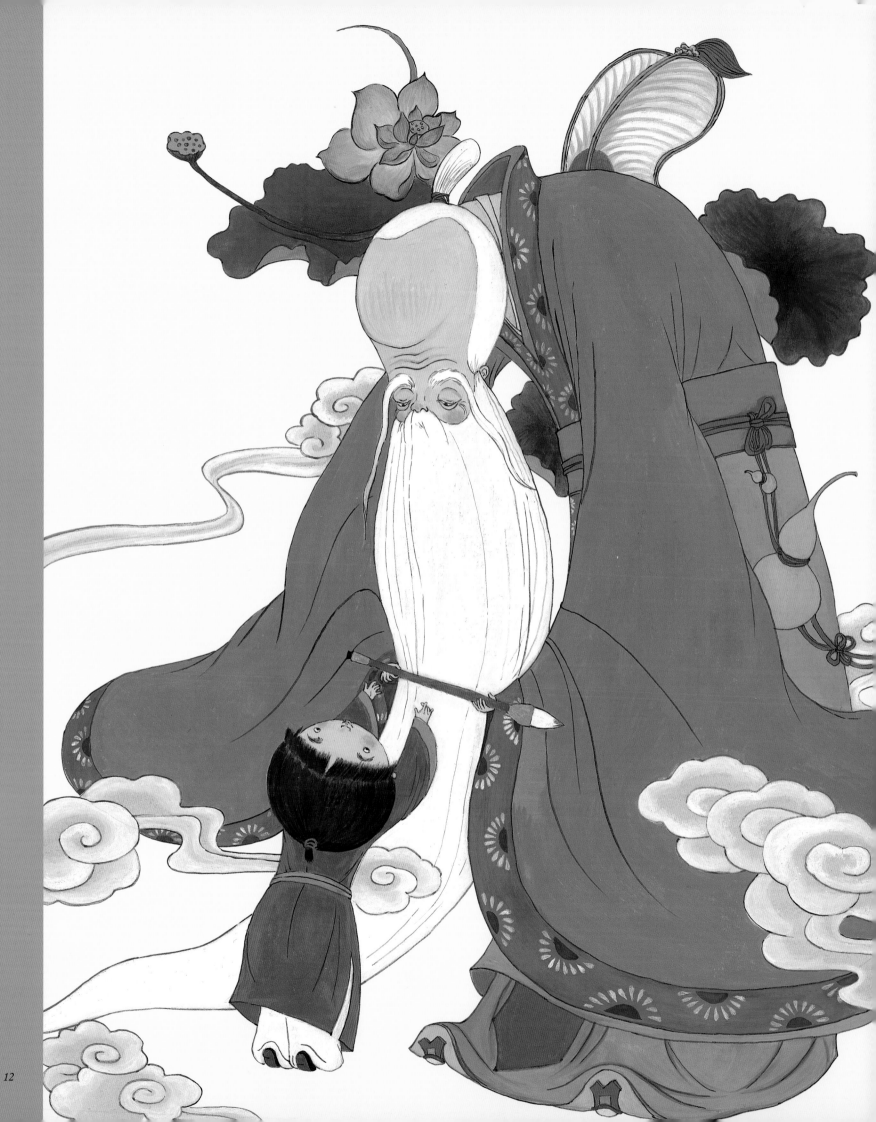

Una noche, mientras dormía,
apareció de repente un hombre frente a él.
Chen no se asustó.
El hombre llevaba una barba blanca,
y tenía los ojos dulces y la voz cálida.
Chen le sonrió.
El anciano se agachó y le tendió un pincel.
«Chen —murmuró—, este pincel mágico es para ti.
Solo un ser humilde y sincero sabrá dibujar con él.»
«Gracias, abuelo —dijo Chen—, yo...»
Pero el anciano ya había desaparecido.

¡Chen se siente tan feliz de tener un pincel!
En seguida dibuja un gallo sobre la pared
y al momento el gallo se vuelve real y sale volando.

16

A partir de entonces, Chen se puso a pintar
para ayudar a los vecinos del pueblo,
tan pobres como él.
Al granjero que ya no tenía nada
para labrar el campo,
le dibuja dos bueyes tirando de un arado.
Al momento la yunta se vuelve real
y traza un surco en el campo.

Al ganadero que ya no tenía ganado que apacentar,
le dibuja búfalos y un perro.
En seguida el rebaño levanta el polvo del camino.

A la familia que ya no tenía piedra para moler el trigo,
le dibuja una muela.
En seguida la piedra muele los granos
y la harina llena las vasijas.

Chen poseía un pincel mágico,
¡y todo lo que dibujaba se volvía real!
La noticia se difundió.
Boya, el jefe del pueblo, rico, codicioso y desalmado,
no tardó en enterarse.

Envió a sus soldados para que detuvieran a Chen.
Quería obligarle a dibujar monedas de oro.

25

Chen era pequeño, pero sabía decir que no.
No quería ayudar a ese hombre malo.
Boya, enfurecido, mandó meter a Chen en la cárcel.

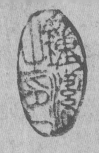

A media noche,

cuando los guardias están durmiendo,

Chen dibuja una puerta en las paredes de la cárcel.

y huye con los otros desdichados prisioneros.

Chen no podía quedarse en el pueblo.
Dibujó un caballo
y se marchó en plena noche.

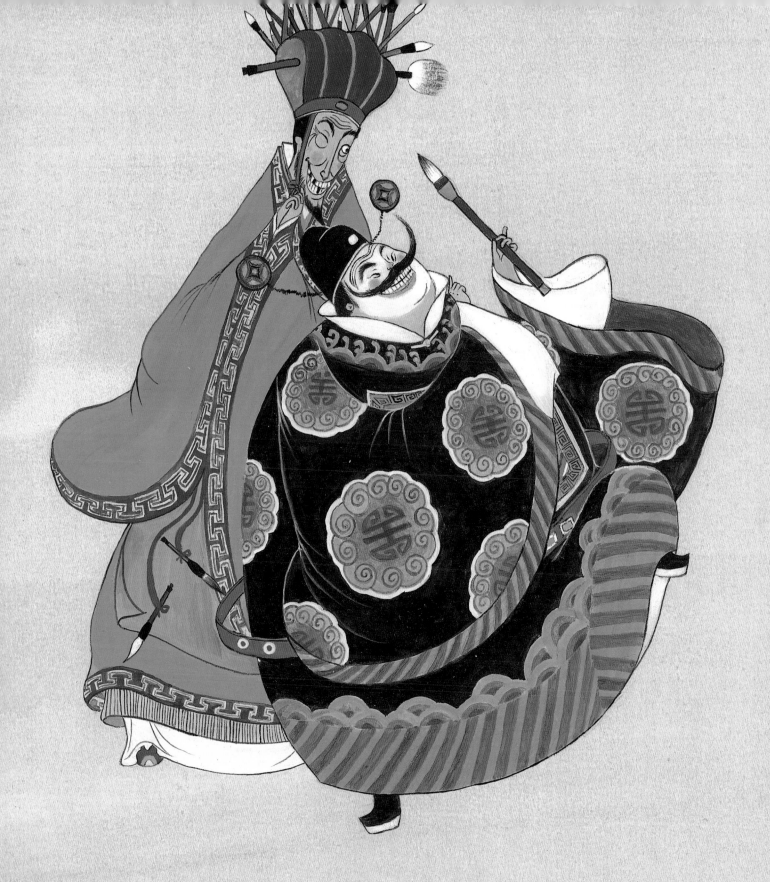

Por la mañana, Boya descubrió la huida
y envió sus soldados a buscarlo.
Al tercer día, Chen se detuvo para que bebiera su caballo
y los soldados lo capturaron.
Chen volvía a ser prisionero.
Le quitaron su pincel y lo metieron en la cárcel.

33

Boya mandó llamar al Maestro de pintura
y le ordenó pintar un árbol cargado de monedas
de oro con el pincel mágico.
Cuando la obra estuvo acabada,
Boya se precipitó para agarrar el oro.
Pero chocó contra el cuadro
y cayó pesadamente al suelo.
La pintura del árbol
era solo una pintura.

Entonces, Boya hace venir a Chen.

Se muestra amable, dulce y generoso con él.

Le ofrece una bonita habitación.

Le sirve una suculenta comida.

Le regala una hermosa ropa.

Y finalmente le devuelve su pincel.

«¿Podrías dibujarme una montaña cubierta de oro?»,

le pregunta con una voz melosa.

Chen era astuto.

No quería volver a perder su pincel mágico.

Dibujó en la pared una montaña de oro muy lejana.

Y la montaña empezó a centellear en la lejanía.

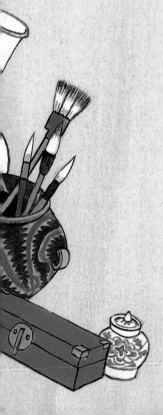

Boya gritó:

«¡No quiero una montaña tan lejana!»

Delante de la montaña,
Chen pinta un mar inmenso y azul.
Las olas empiezan a romper suavemente.
«La montaña se encuentra
a la otra orilla del mar», explica Chen.
Boya se calma y dice:
«¡Dibújame en seguida un barco
para que pueda llegar hasta la montaña!»
Chen dibuja un barco con dos grandes velas.
Boya y el Maestro de pintura embarcan inmediatamente.
Después Chen dibuja una brisa.
El mar empieza a rizarse y el barco se aleja.

Entonces Chen dibuja
el viento, y el mar se agita.
«¡Basta de viento!»,
grita Boya.
Chen sigue dibujando,
y el viento arrecia.
El mar se embravece
y Boya vocifera:
«¡No pintes más viento!»

Pero Chen dibujó un huracán
y las olas se encresparon, profundas y rugientes.
Las velas fueron arrancadas por el viento, el casco crujió.
Una ola enorme rompió contra el barco
y lo arrastró hasta el fondo del océano
junto con Boya y el Maestro de pintura.

Ahora Chen era libre.

Algunos dicen que se quedó en su pueblo natal.

Otros cuentan que viajó por todo el país.

Pero todos aseguran que dibujaba con su pincel mágico

para la gente más pobre.